Die 68er:

Kurze Geschichte einer Kulturrevolution

Natürlich nahm die Bewegung schon früh in den sechziger Jahren ihren Ausgangspunkt, 1968 allerdings kulminierten die Ereignisse: Der Vietnamkrieg eskalierte, Martin Luther King wurde ermordet, Rudi Dutschke angeschossen, der Pariser Mai schien die Verhältnisse in Frankreich kippen zu können, in Deutschland wurden Notstandsgesetze auf die Tagesordnung gesetzt. Die damalige CSSR schien einen demokratischen Sonderweg gehen zu können, bis der »Prager Frühling« von den Truppen des Warschauer Pakts gewaltsam beendet wurde. Antikolonialismus sowie der Kampf gegen Diktaturen und Unterdrückung prägten die politische Idee eines weltweiten Aufbruchs. Daher waren die Proteste, woran sie sich auch entzündeten, Ausdruck globaler Konflikte, auch wenn sie in Deutschland als Abrechnung der jungen Generation mit ihren Eltern ausgefochten wurden und in der Nazivergangenheit der Väter ein spezielles Thema hatten. Nicht nur Politik, auch Musik, Kleidung, Lebensstil und Sexualmoral wurden neu und dem Alten entgegengesetzt definiert. Mag die 68er-Bewegung auch ihre selbst gesteckten Ziele verfehlt haben, ihr großer Einfluss prägt bis heute viele Lebensbereiche.

In diesem Audiopaket kommen die wichtigsten Theoretiker, mit und an denen sich die so genannten 68er gemessen haben, zu Wort: in Essays, für den Rundfunk geschrieben und von ihnen selbst gesprochen. In diesen legendären Tondokumenten wird die Faszination der großen Denker des letzten Jahrhunderts und ihre Wirkung auf die Jugend unmittelbar erfahrbar.

CD 1 **Theodor W. Adorno**
»Kultur und Verwaltung« (1959)

CD 2 **Max Horkheimer**
»Philosophie als Kulturkritik« (1965)

CD 3 **Ernst Bloch**
»Karl Marx heute« (1968)

CD 4 **Herbert Marcuse**
»Der Mensch in einer sozialisierten Welt« (1966)

CD 5 **Alexander Mitscherlich**
1 | »Der Standort der Psychoanalyse« (1975)
2 | »Normal – Abnorm« (1975)

CD 6 **Rudi Dutschke und Günter Gaus**
»Zu Protokoll: Rudi Dutschke« (1967)

CD 7 & 8 **Die 68er: Kurze Geschichte einer Kulturrevolution**
Feature von Anselm Weidner mit O-Tönen u.a. von Joschka Fischer, Bernd Rabehl u.a. (1996)

Theodor W. Adorno

Eigentlich Theodor Wiesengrund, später Theodor W. Adorno, * 11. September 1903 in Frankfurt am Main, † 6. August 1969 in Visp (Kanton Wallis); war Philosoph und Soziologe, Musiktheoretiker und Komponist und gilt neben Max Horkheimer als Hauptvertreter der Kritischen Theorie (»Frankfurter Schule«). 1921–24 Studium der Philosophie, Soziologie, Psychologie und Musikwissenschaft an der Universität Frankfurt; 1925/26 in Wien bei Alban Berg Kompositionslehre und bei Eduard Steuermann Klavier; seit dem Studium Freundschaft und Gedankenaustausch mit Walter Benjamin und Max Horkheimer. 1931 Habilitation in Frankfurt bei Paul Tillich mit einer Arbeit über Kierkegaard, Konstruktion des Ästhetischen; 1933 Entziehung der Lehrbefugnis aus »rassischen« Gründen; 1934 Emigration nach London und Oxford, Großbritannien; 1938 Übersiedlung auf Einladung Horkheimers in die USA; Mitglied des von Frankfurt nach New York verlegten Instituts für Sozialforschung; 1949 Rückkehr nach Frankfurt am Main, Lehrstuhl für Philosophie und Soziologie und zusammen mit Horkheimer Leitung des Instituts für Sozialforschung.

Theodor W. Adorno

Kultur und Verwaltung 54:21

Wer Kultur sagt, sagt auch Verwaltung. Kultur ist gemäß deutscher Begrifflichkeit der Verwaltung erst einmal entgegengesetzt. Sie soll das Höhere und Reine sein, das, was nicht angetastet und zurechtgestutzt wird. Die Kultur ist damit der nackten Notdurft des Überlebens enthoben.

Was jedoch unter die nützlichen Güter eingereiht wird, ging schon immer über die biologischen Notwendigkeiten des Überlebens hinaus. Die Reproduktion der Arbeitskraft ist keine statische Naturkategorie, sondern folgt dem jeweils historisch erreichten Standard. Umgekehrt ist das Nützliche nichts Unmittelbares, da nicht aus Gründen der Nützlichkeit, sondern um des Profits willen produziert wird. Kultur soll daher als bewusst unnütz von den Planungsmethoden der materiellen Produktion unterschieden sein, damit auf der anderen Seite das angeblich Nützliche an Profil gewinnt. Kultur erhält allen Institutionen gegenüber ein kritisches Moment: Indem überhaupt etwas gedeiht, was nicht zu verwerten ist, zeigt Kultur die Fragwürdigkeit der herrschenden Praxis auf. Heute ist Kultur längst in sich selber fragwürdig zum geronnenen Inhalt des Bildungsprivilegs geworden, der sich als verwalteter Anhang in den Produktionsprozess eingliedert.

Sendung: 26.07./02.08.1959, SWF
Aufnahmeort: Baden-Baden, Kunsthalle – Aufnahmeleitung: Biallowancz; Kranz

Max Horkheimer

* 14. Februar 1895 in Zuffenhausen bei Stuttgart, † 7. Juli 1973 in Nürnberg, war Sozialphilosoph und Mitbegründer des Instituts für Sozialforschung. 1916–1918 Arbeit in der Fabrik des Vaters, Teilnahme am Ersten Weltkrieg; 1919 Abitur; von 1919–1922 Studium der Philosophie und Psychologie in München, Frankfurt und Freiburg; 1922 Promotion bei Hans Cornelius; Freundschaft mit Adorno; 1925 Habilitation an der Universität Frankfurt; ab 1926 Privatdozent; 1930 Ordinarius für Sozialphilosophie an der Universität Frankfurt, sowie Mitbegründer und Direktor des Instituts für Sozialforschung bis zu dessen Schließung durch die Nationalsozialisten 1933; 1934 Emigration nach New York, Neugründung des Instituts für Sozialforschung an der Columbia University; ab 1940 amerikanischer Staatsbürger, Umzug nach Kalifornien, wo er zusammen mit Adorno an der »Dialektik der Aufklärung« arbeitet; 1943–1949 Direktor der wissenschaftlichen Abteilung des American Jewish Committee; 1949 Rückkehr an die Universität Frankfurt; 1950 Wiedereröffnung des Instituts für Sozialforschung in Frankfurt am Main; 1951–1953 Rektor der Universität Frankfurt. Horkheimer gilt gemeinsam mit Adorno als Hauptvertreter der der Kritischen Theorie (»Frankfurter Schule«).

Max Horkheimer

Philosophie als Kulturkritik 58:26

Die Philosophie hat in den Gesellschaften der Nachkriegszeit einen schweren Stand. Während sie in den Diktaturen des Ostens bewusst gehandhabtes Instrument der Macht ist, muss sie in den aufstrebenden Industriegesellschaften ihre Nützlichkeit nachweisen und sich gleichzeitig gegenüber den Naturwissenschaften verteidigen. Dieser Rechtfertigung bedarf es, weil die aufhellende Kraft des philosophischen Gedankens gebrochen ist. Die Philosophie ist nicht länger Teil der zivilisatorischen Substanz. Sie wird als Hilfswissenschaft der Naturwissenschaften vereinnahmt, als Spezialwissenschaft in einen Randbereich gedrängt oder lediglich als weiteres Konsumgut angesehen. Damit wird der Gegensatz von Idee und Realität, aus dem der freie Gedanke früher seine Kraft gewann, geleugnet. Vergessen wird zudem, dass die Philosophie in der europäischen Geschichte trotz ihrer faktischen Ohnmacht immer eine fortschrittliche und durch Kritik verbindende Wirkung ausgeübt hat. Geist ist im Wesentlichen Vermittlung und deshalb der Macht zu langsam und zu wenig ausgerichtet. Die Diktatoren im Osten kennen Geist nur als Schlauheit und Instrument der Indoktrination, während sich in der geistigen Regression Europas eine neue Barbarei ankündigt, in der Politik auf bloße Herrschaft zurückfällt. Der Lebensstandard wird gehoben, gleichzeitig wird Philosophie und jede nicht rein auf Beherrschung gerichtete Theorie neutralisiert und pervertiert. Die Sprache verkümmert durch geschäftliche Kommunikation, die den Einzelnen zum Schweigen bringt. Der Aufstieg wird mit

dem Verzicht auf geistige Emanzipation bezahlt. War früher der abergläubische oder abstrakte Gedanke problematisch, so ist es heute die Gedankenlosigkeit, das Sich-treiben-Lassen durch die Ökonomie. Die Macht der Philosophie und Kunst ist dem gegenüber gering. Die bürgerlichen Werte werden nicht entfaltet, sondern ersetzt und gehen selbst in den Schichten zurück, in denen sie einst zu Hause waren. Die Menschen sind dabei nicht dümmer, doch weil sie wohlhabender sind, müssten sie klüger sein, damit die Gewalt nicht an ganz wenige zurückfällt und Geschichte nicht zu Naturgeschichte oder hoffnunglosem Mythos verkommt.

Sendung Teil I und II: 03./10.01.1960, SWF
Aufnahmeleitung: Simon
Regie: Kleist

Ernst Bloch

Ernst Simon Bloch, * 8. Juli 1885 in Ludwigshafen am Rhein, † 4. August 1977 in Tübingen, Philosoph. 1905–1908 Studium der Philosophie, Physik, Germanistik und Musik in München und Würzburg, 1908 Promotion; 1908–1914 Tätigkeit als Privatlehrer und Publizist in Berlin und Heidelberg; Freundschaft mit Georg Simmel und Georg Lukács; 1917–1919 Exil in der Schweiz, Arbeit am Berner Archiv für Sozialwissenschaften; 1920–1933 Tätigkeit als Publizist, Aufenthalte in Berlin, Südfrankreich, Italien, Paris und Nordafrika; 1933 Ausbürgerung und Emigration in die Schweiz; 1934 Teilnahme am Pariser »Kongress der Antifaschisten«; 1936–1938 Aufenthalt in der Tschechoslowakei; 1938 Emigration in die USA, wo er bis 1948 lebt; 1948 Professur für Philosophie an der Universität Leipzig; 1953–1956 Herausgeber der »Deutschen Zeitschrift für Philosophie«; 1955 Nationalpreis der Deutschen Demokratischen Republik; 1957 Zwangsemeritierung; nach dem Bau der Mauer kehrte er 1961 von einer Vortragsreise in der Bundesrepublik nicht mehr in die DDR zurück; 1962 Professur für Philosophie an der Universität Tübingen. Die Studentenbewegung begleitete er interessiert und kritisch, zwischen ihm und Rudi Dutschke entwickelte sich ein freundschaftliches Verhältnis. Sein Buch »Das Prinzip Hoffnung« wurde zur Pflichtlektüre einer ganzen Generation, »Prinzip Hoffnung« zum geflügelten Wort.

Ernst Bloch

Karl Marx heute 60:22

Es gehört zum Kennzeichen einer Wissenschaft, dass ihre Ergebnisse von Zeit zu Zeit veralten, weil neue Erkenntnisse gewonnen wurden. Wird auch die Richtung beibehalten, existieren in der marxistischen Theorie immer Varianten. Marx soll sich mit der Verelendung des Proletariats geirrt haben. Zeigt sich aber nicht in der Wohlfahrtsgesellschaft in dem Augenblick, in dem eine Rezession eintritt, von Neuem, dass das Eiapopeia Sozialpartnerschaft sofort aufhören kann? Erscheint nicht am Horizont wieder Verelendung, wenn Schwierigkeiten im Absatzmarkt eintreten? Dass der offene Faschismus nicht das letzte Stadium des Kapitalismus ist, wie selbst kapitalistische Theoretiker angenommen hatten, liegt daran, dass man vom Marxismus gelernt hat, Planung auf die Wirtschaft anzuwenden und zwar anders, als es im Manchester-Kapitalismus möglich war. Das Ziel der marxistisch-sozialistischen Revolution ist die Abschaffung aller Verhältnisse, in denen der Mensch ein gedrücktes Wesen ist und es den Unterschied von Herr und Knecht gibt. Alles andere sind Fragen des Mittels. Marxisten sind lernende Wesen, sie lernen aus der Praxis ihrer eigenen Vergangenheit. Eine utopische Kultur des Wohin und Wozu ist im Sozialismus angelegt, aber noch nicht entwickelt. Quod erit demonstrandum: Was zu beweisen sein wird.

Sendung: 05.05.1968, SDR – Aufnahmeort: Stadttheater Trier – Ausschnitte aus der Übertragung einer Feier der Deutschen UNESCO-Kommission im Stadttheater Trier

Herbert Marcuse

* 19. Juli 1898 in Berlin, † 29. Juli 1979 in Starnberg. 1916, nach dem Notabitur, Einberufung zur Reichswehr; 1918 als Mitglied der USPD in den Soldatenrat Berlin-Reinickendorf gewählt; 1918–1922 Studium der Germanistik und Philosophie in Berlin, dann in Freiburg; 1922 Promotion; 1928–1932 Fortsetzung des Studiums der Philosophie bei Edmund Husserl und Martin Heidegger; 1933 Eintritt in das Institut für Sozialforschung in Frankfurt am Main; 1934 Emigration nach New York, wo er weiter am Institut für Sozialforschung an der Columbia University arbeitet; 1940 amerikanische Staatsbürgerschaft; 1954–1965 Professor für politische Wissenschaften an der Brandeis University in Waltham/Massachusetts; 1965 Lehrstuhl an der Universität von Kalifornien in San Diego; 1967 Hauptredner auf dem vom Berliner SDS veranstalteten Vietnam-Kongress. Seine Bücher »Triebstruktur und Gesellschaft« (1955), »Der eindimensionale Mensch« (1964), sowie »Die Kritik der reinen Toleranz« (1966) zählten zu der Standardlektüre der Studentenbewegung.

Herbert Marcuse

Der Mensch in einer sozialisierten Welt 47:13

Die Anthropologie definierte das Leben als Mühsal und Entfremdung, als Kampf ums Dasein, organisiert vom Leistungsprinzip. Ruhe und Transzendenz waren reserviert für den Moment nach der Arbeit oder nach dem Leben selbst. Der Gegenentwurf des Materialismus blieb ebenfalls dem Bann der unabdingbaren Produktivität verhaftet, denn auch hier erschien Freiheit nur auf der Basis von Arbeit. Dagegen wäre als Möglichkeit zu setzen: Abbau eines gesteuerten Systems der Bedürfnisse und Freilegung der in diesem System unterdrückten und verdrängten wirklichen Bedürfnisse. Fortschritt erscheint allein möglich als Umkehr. Auf der gegenwärtigen Stufe ist Befreiung nur vorstellbar als absolute Weigerung, die Produktivität des bestehenden Apparates weiterzuentwickeln, bevor nicht die materielle und geistige Armut in globalem Maßstab beseitigt und die von der Herrschaft angestachelte Aggression des Menschen überwunden ist. Dies erfordert keine Erweiterung, sondern einen Umbau des gesellschaftlichen Apparates. Mit einer Trennung von Arbeitsleistung und Einkommen wäre die Befriedigung der Bedürfnisse nicht länger an die Arbeitsleistung gebunden und von ihr abhängig. Hier entsteht allerdings ein Problem, da die Herrschaft nicht automatisch mit beseitigt wird. Die Verwaltung einer solchen Gesellschaft würde eine über jede Rechtfertigung erhabene Macht ausüben können, ohne die aus der Arbeit erwachsene Opposition. Die Befriedigung der Bedürfnisse, die nach der Marxschen Theorie nur ein Nebenprodukt des Produktionsprozesses ist, tritt heute

längst in den Produktionsprozess selbst ein. Die Bedürfnisse selbst werden produziert, das wiederum heißt, die Triebstruktur der Individuen selbst wird gesteuert und geformt. Gleichzeitig wird der Sexualtrieb durch die psychoanalytisch geschulte Werbeindustrie verwaltet. Sexuelle Tabus werden aufgehoben, die Gesellschaft gibt Modelle vor und beseitigt den antisozialen und gesellschaftlich nicht konformen Charakter der Sexualität. Die Gesellschaft, die eine solche Befriedigung fördert und erlaubt, wird damit selbst zum Tabu. Der neue Mensch wäre so die Negation des Übermenschen, die Negation alles Heroischen, Starken, Dynamischen, Kämpfenden und Sich-Bewährenden, ein totaler Widerspruch gegen die herrschenden Werte.

Aufnahme: 03.10.1966, BR
Technik: Schmitt

Alexander Mitscherlich

Alexander Harbord Mitscherlich, * 20. September 1908 in München, † 26. Juni 1982 in Frankfurt am Main, war Arzt, Psychoanalytiker und Autor. 1928–1932 Studium der Geschichte, Kunstgeschichte und Philosophie an der Universität München; 1939 medizinisches Staatsexamen in Heidelberg; 1941 Promotion bei Viktor von Weizsäcker; 1946 Habilitation; bis 1949 Arbeit an der medizinischen Poliklinik in Zürich; Beobachter bei den Nürnberger Prozessen gegen NS-Ärzte; ab 1947 Herausgeber der Zeitschrift Psyche; 1949 Gründung der Abteilung Psychosomatische Medizin an der Universität Heidelberg; 1960–1976 Leitung des von ihm gegründeten Sigmund-Freud-Instituts in Frankfurt am Main; von 1973 bis 1976 hatte er eine Professur an der Universität Frankfurt. Mitscherlich ist Begründer einer von den Gedanken der Psychoanalyse getragenen psychosomatischen Medizin. Bekannt wurde er vor allem durch sein zusammen mit seiner Frau Margarete Mitscherlich (geb. 1917) verfasstes Buch »Die Unfähigkeit zu trauern«.

1 | Alexander Mitscherlich

Der Standort der Psychoanalyse 28:48

Es gibt Erscheinungen und Wirklichkeiten, die einen bedeutenden Einfluss auf unser Leben haben, sich jedoch nicht mit den Methoden des materialistischen Positivismus überprüfen lassen. Die Psychoanalyse ist eine Antwort auf solche Fragen, die in den Bereich der Psychologie gehören. Sie hat mit den Problemen ihrer Zeit immer in reziproker Beziehung gestanden, sich mit ihnen auseinandergesetzt und von ihnen anregen lassen. Die Psychoanalyse gehört zum Grundbestand des europäischen Humanismus, sie stellt jedoch keinen für immer gesicherten Wert dar. Psychoanalyse ist ein Prozess der Wahrnehmungserweiterung und Wahrnehmungskorrektur. Sie ist eine systematische Methode der Introspektion. Durch Introspektion wird versucht, auf anderem Weg als dem der bewusstrationalen Motivationen Handlungs- und Erinnerungszusammenhänge zu rekonstruieren und seelische Blockaden abzubauen.

Sendung: 09.04.1975, SDR, Studio Heidelberg
Redakteur: Johannes Schlemmer, Redaktion Wissenschaft

2 | Alexander Mitscherlich

Normal – Abnorm 28:32

Die Normalität, mit der es der Psychoanalytiker heute zu tun bekommt, ist eine von der traditionsgebundenen extrem verschiedene Lebensform. Ohne dass unsere Gesellschaft dafür gerüstet wäre, verlangt sie von ihren Mitgliedern Anpassungsleistungen bis ins hohe Alter. Normalität, wie sie der Psychoanalytiker als Richtschnur für sein Urteil sucht, hängt hingegen mit der Ich-Entwicklung zusammen, dem Verhältnis, mit dem sich das Ich den Triebforderungen gegenüber durchzusetzen vermag, ohne sie dabei ernsthaft zu schädigen. Diese Ich-Autonomie entscheidet letztlich auch darüber, ob sich das Individuum den Regelansprüchen seiner Gesellschaft gegenüber behauptet oder nicht. Dabei geht es immer um Anpassung, die durch die geforderte Entwicklung zur Persönlichkeit in der bürgerlichen Epoche einen negativen Beiklang erworben hat. Anpassung wird in die Nähe von Opportunismus und Charakterlosigkeit gerückt. In der Psychoanalyse wird sie jedoch als der notwendige Vorgang begriffen, mit dem das Individuum seinen Platz in der Sozialgemeinschaft erwirbt.

Sendung: 16.04.1975, SDR, Studio Heidelberg
Redakteur: Johannes Schlemmer, Redaktion Wissenschaft

Rudi Dutschke

* am 7. März 1940 in Schönefeld/Mark Brandenburg, † am 24. Dezember 1979 in Aarhus, Dänemark, an den Folgen eines am 11. April 1968 auf ihn in West-Berlin verübten Attentats. Symbolfigur der Studentenrevolte 1967/68 in West-Berlin und der Bundesrepublik.

Rudi Dutschke, Günter Gaus

Zu Protokoll: Rudi Dutschke 40:18

Hintergrund:

Am 2. Juni 1967 starb in Westberlin der Student Benno Ohnesorg. Er hatte gegen den Empfang des persischen Staatschefs Schah Reza Pahlewi durch den Regierenden Bürgermeister Heinrich Albertz demonstriert. Die Polizei löste die Demonstration vor der Deutschen Oper in Berlin gewaltsam auf. Ohnesorg, der unbewaffnet war, wurde von dem Zivilpolizisten Karl-Heinz Kurras erschossen. Bis zu Ohnesorgs Tod war die Studentenbewegung eine auf Westberlin und den Campus einiger großer Universitäten der Bundesrepublik eng beschränktes Ereignis und das SDS-Mitglied Rudi Dutschke wurde nur inneruniversitär und im bescheidenen Umfang in den Medien Westberlins wahrgenommen. Beides änderte sich nun binnen weniger Tage. Entscheidend für die landesweite und massenmediale Bekanntheit von Rudi Dutschke wurde dabei das Interview, das Günter Gaus mit ihm für seine renommierte Reihe: »Zu Protokoll« führte. Gaus befreite durch seine sezierenden Fragen Dutschke aus der ihm gewohnten rhetorischen Rolle als Agitator und führte die Dialogfähigkeit und das argumentative Repertoire seines Gesprächspartners vor. In dieser Form ist das Gespräch von Günter Gaus einzigartig geblieben. Dutschke hat nie wieder ein vergleichbares medienöffentliches Forum erhalten.

Gaus referiert eingangs Dutschkes biografischen Werdegang und seine aktuelle Rolle in der Studentenschaft und der politischen Debatte im Lande.

Dutschke umreißt die Motive für das Streben nach grundsätzlicher Veränderung: Er beschreibt die weitgehende Stagnation der gegenwärtigen gesellschaftlichen Entwicklung im wirtschaftlichen, politischen und gesellschaftlichen Bereich. Die Regierungen führen keinen Dialog mit der Bevölkerung, die Parteien dienten nur als Instrumente der Machterhaltung, nicht der Bewusstseinsbildung, das parlamentarische System sei unbrauchbar. Die neue Gesellschaft könne noch nicht konkret beschrieben werden. Der Mensch sei so ausgestattet, dass er seine Geschichte selbst in die Hand nehmen könne.

Aufklärung und Aktion dienten zur Verbreiterung der Bewegung, Revolutionäre müssten heute in internationalen Zusammenhängen denken und handeln. Die ungerechte Verfassung des Weltmarktes und das Nationalstaatsdenken seien zu überwinden. Die historische russische Revolution und eine potentielle Revolution unter heutigen Bedingungen werden verglichen, das Vorbild der Pariser Commune 1871 beschworen. Dutschke sieht keine Ideologiemüdigkeit, hält aber vorerst nur die Aufklärung von Minderheiten durch die Studentenbewegung für möglich, die gegen Rechtsextremismus immunisiere. Die BRD solle die NATO verlassen, um nicht zur Niederschlagung von Befreiungsbewegungen eingesetzt zu werden. Dutschke bejaht den bewaffneten Kampf in Lateinamerika, nicht jedoch in den Ländern Westeuropas.

Die Geschichte könne gestaltet werden, eine Welt ohne Krieg und Hunger sei möglich. Dutschke bezeichnet die christliche Religion als Wurzel, Solidarität als Triebfeder seines Handelns.

Sendung: 03.12.1967, ARD – Fernsehinterview

AUTONOMIE DER TEHERANER UNIVERSITÄT
INHAFTIERTEN

Die 68er:

Kurze Geschichte einer Kulturrevolution

Feature von Anselm Weidner mit Rainer Barzel, Daniel Cohn-Bendit, Rudi Dutschke, Iring Fetscher, Joschka Fischer, Hajo Funke, Herbert Marcuse, Ulrike Meinhof, Bahman Nirumand, Bernd Rabehl, Sigrid Rüger, Eva Rühmkorf, Gaston Salvatore, Waltraud Schoppe, Klaus Schütz, Alice Schwarzer, Christian Semler, Ute Straub, Christina Thürmer-Rohr, KD Wolff u.a.

CD 1

1 | Demokratie – jetzt oder nie! 27:39

»Das ist der Anfang der Demokratie in Deutschland«, rief ein schwedischer Journalist begeistert, als Menschentrauben Anfang Juni 1967 tagelang nach der Ermordung von Benno Ohnesorg auf dem Ku'damm zusammenstanden und diskutierten: über die Große Koalition, über die veraltete Ordinarienuniversität, über die drohenden Notstandsgesetze. Hatten die basisdemokratisch gesonnenen Studenten mit der sozialliberalen Koalition, die unter dem Slogan »Mehr Demokratie wagen« und unter der Devise der Entspannungspolitik angetreten waren, nicht sogar die demokratische Wende in der »großen Politik« mit eingeleitet?

2 | Trau keinem über 30! 27:24

Sie war von Anfang an eine antiautoritäre Revolte, die Studentenbewegung, in Deutschland ohnehin, weil die Eltern über ihr Leben in der Nazizeit schwiegen und das moralisierend-reaktionäre Klima der Adenauerzeit unglaubwürdig geworden war. Diese muffige und beengende Zeit wurde von jungen Leuten als von vorgestern erlebt, und so stellten sie alle geltenden Regeln in Familie, Schule, Staat und Institutionen in Frage. Aus diesen bewussten Regelverletzungen kamen die Impulse, kam das Neue, Lebendige in die erstarrte westdeutsche Gesellschaft.

Sendungen: 22./23.07.1996 – Autor und Sprecher: Anselm Weidner
Regie: Carola Preuß – Redaktion: Detlef Clas

CD 2

1 | »Ho-Ho-Ho Chi Minh!« 25:29

»Wir haben sie so geliebt, die Revolution!« (Daniel Cohn-Bendit). Das Geschehen selbst blieb jedoch fern, fand in Kuba, Vietnam, China oder Guinea-Bissaou statt. Den Namen Ho-Chi-Minhs, des kommunistischen Ministerpräsidenten Nordvietnams, in den Straßen Berlins zu skandieren, war anfangs nichts als Provokation – bis daraus Wunschlandschaften der selbsternannten studentischen Revolutionäre wurden. Man war damals der Auffassung, eine Weltrevolution im »gemeinsamen Kampf der ausgebeuteten Völker der Dritten Welt und der Rebellen in den Metropolen des Imperialismus« zustande bringen zu können.

2 | Frauenpower macht Männer sauer! 29:03

1967 brüskierten barbusige Frauen in Frankfurt ihren einst so verehrten und jetzt als Patriarch attackierten Lehrer Theodor W. Adorno in einer Vorlesung, und im selben Jahr wird dort von Frauen aus dem Berliner »Aktionsrat zur Befreiung der Frau« die SDS-Delegiertenkonferenz gesprengt. Das ist der Anfang der Frauenbewegung als antiautoritäre Revolte in der Revolte.

Sendungen: 25./26.07.1996 – Autor und Sprecher: Anselm Weidner
Regie: Carola Preuß – Redaktion: Detlef Clas

Zeittafel 1966 – 68

Februar 1966: Rudi Dutschke argumentiert mit Che Guevara, »(…) dass die Revolutionäre nicht immer auf die objektiven Bedingungen für die Revolution zu warten haben, sondern dass sie über den Fokus, über die bewaffnete Avantgarde des Volkes die objektiven Bedingungen für die Revolution durch subjektive Tätigkeit schaffen können.«

Frühjahr 1966: Aufruf zum Ostermarsch

Januar 1967: Gründung der Kommune I (K I) in Berlin

5. April 1967: Kommunarden planen ein »Puddingattentat« auf den US-amerikanischen Vizepräsidenten Humphrey und werden verhaftet.

19. April 1967: Peter Schneider hält während eines nächtlichen »Sit-In« im Henry-Ford-Bau in Berlin eine spontane Rede über das Rasenbetretungsverbot. Die Polizei trägt die Studenten einzeln hinaus.

1. Mai 1967: Studenten demonstrieren in Berlin gegen die Militärdiktatur in Griechenland.

2. Juni 1967: Demonstration gegen Reza Pahlewi, den Schah von Persien. In dem Tumult wird der 26-jährige Student Benno Ohnesorg von Kriminalobermeister Karl-Heinz Kurras von hinten erschossen.

Juni 1967: Die »Bild-Zeitung« startet eine Kampagne gegen »Krawallradikale«. Rudi Dutschke und der SDS rufen zu bundesweiten Sitzblockaden auf. Demonstration gegen den brutalen Polizeieinsatz und den Tod von Benno

Ohnesorg. Fritz Teufel wird als mutmaßlicher Steinewerfer verhaftet.

9. Oktober 1967: Der Guerrilla-Kämpfer Che Guevara wird von bolivianischen Regierungstruppen gefangen genommen und ermordet.

27. November 1967:
Kriminalobermeister Kurras wird freigesprochen.

30. Januar 1968: Vietcong-Verbände und nordvietnamesische Truppen starten zu Beginn des buddhistischen Neujahrsfestes (Tet) eine Großoffensive, die zum militärischen Rückzug der USA aus Vietnam führt.

17. Februar 1968: Der Vietnam-Kongress in Berlin beginnt. Rudi Dutschke ruft US-amerikanische Soldaten zur Massendesertion auf.

16. März 1968: US-Soldaten verüben ein Massaker an den Einwohnern von My Lai, Frauen werden vergewaltigt, Kinder und Greise kommen ums Leben.

2. April 1968: Andreas Baader und Gudrun Ensslin legen in zwei Frankfurter Kaufhäusern Brandsätze aus Protest gegen den Vietnamkrieg.

4. April 1968: Der schwarze Bürgerrechtler Martin Luther King wird in Memphis ermordet.

11. April 1968: Der 23-jährige Hilfsarbeiter Josef Bachmann feuert drei Schüsse auf Rudi Dutschke ab, der schwer verletzt wird.

Ostern 1968: Der Anschlag auf Dutschke führt in vielen Teilen der Bundesrepublik zu Demonstrationen und teilweise blutigen Auseinandersetzungen mit der Polizei.

Mai 1968: »Pariser Mai«: Nach blutigen Auseinandersetzungen zwischen demonstrierenden Jugendlichen und der Polizei wird die Sorbonne geschlossen. Es herrschen bürgerkriegsähnliche Zustände, die Gewerkschaften führen einen wochenlangen Generalstreik durch.

11. Mai 1968: Gegner der Notstandsgesetzgebung unternehmen einen Sternmarsch nach Bonn.

24. Juni 1968: Verabschiedung der Notstandsgesetze durch den Bundestag

21. August 1968: Einheiten der Nationalen Volksarmee (NVA) der DDR beteiligen sich an der Besetzung der ČSSR durch fünf Warschauer Pakt-Staaten. Damit wird der »Prager Frühling« gewaltsam beendet.

September 1968: Helke Sander hält eine Rede für den »Aktionsrat zur Befreiung der Frauen« auf der Delegiertenkonferenz des SDS.

7. November 1968: Auf dem CDU-Parteitag in West-Berlin ohrfeigt die 29-jährige Beate Klarsfeld Bundeskanzler Kiesinger wegen dessen NS-Vergangenheit.

Stereo · GEMA
ISBN 978-3-88897-515-8

Gestaltung: Heidi Sorg & Christof Leistl, München

Bildnachweis:
akg, Berlin: S. 1, 2, 6, 9, 12, 16, 20, 27 und Cover
Bilderberg, Hamburg: S. 24, 36
dpa: S. 30, 35

Quartino
SWR2 BR
In Lizenz der BRW Service GmbH

Adorno Horkheimer Bloch

Was war, was bleibt

ie 68er und ihre Theoretiker

cherlich Marcuse Dutschke